AF602497

HOMELIE VII.

POUR LE DOUZIÉME DIMANCHE D'APRÉS LA PENTECÔTE,

SUR LA CHARITE' DU SAMARITAIN.

Par M. le Curé de S. Sulpice.

A PARIS,
Chez RAYMOND MAZIERES, ruë S. Jacques, prés la ruë du Plâtre, à la Providence.

M. DCCVI.

Avec Approbation, & Privilege du Roy.

TEXTE
DU SAINT EVANGILE
SELON SAINT LUC.

EN ce temps-là Jesus dit à ses Disciples : Bienheureux sont les yeux qui voyent ce que vous voyez ; car je vous dis que plusieurs Prophetes & plusieurs Rois ont desiré de voir ce que vous voyez, & ils ne l'ont pas vû : & d'entendre ce que vous entendez, & ils ne l'ont pas entendu. Alors un Docteur de la Loy s'étant levé, lui dit, à dessein de le tenter : Maître, que dois-je faire pour avoir la vie éternelle ? Jesus lui dit : Qu'ordonne la Loy ? qu'y lisez-vous ? Il répondit : Vous aimerez le Seigneur vôtre Dieu de tout vôtre cœur, & de toute vôtre ame, & de toutes vos forces, & de tout vôtre entendement, & vôtre prochain comme vous-même. Il lui dit : Vous avez bien répondu : Faites cela, & vous vivrez. Or celuy-cy voulant se justifier lui-même, dit à Jesus : Et qui est mon prochain ? Jesus répondit : Un homme defcendant de Jerufalem à Jericho, tomba entre les mains des voleurs, qui le dépoüillerent, & qui lui ayant fait plufieurs playes, le laifferent demi-mort. Il fe rencontra qu'un Prêtre defcendit par ce même chemin, qui l'ayant vû, paffa. Tout de même un Levite étant proche de ce lieu, l'ayant regardé, paffa outre encore. Mais un Samaritain qui voyageoit, vint à lui, & le voyant en fut touché de compaffion, & s'approchant de lui, il verfa de l'huile & du vin dans fes playes, & les lui banda : puis le mit fur fon cheval, le mena dans une hôtellerie, & prit foin de lui. Le lendemain il tira deux deniers, qu'il donna à l'hôte, & lui dit : Ayez foin de cet homme ; & fi vous dépenfez quelque chofe de plus, je vous rendrai le tout à mon retour. Lequel de ces trois vous femble avoir été le prochain de celui qui eft tombé entre les mains des voleurs ? C'eft, dit-il, celui qui a eu compaffion de lui, & qui l'a affifté. Jefus lui dit : Allez, & faites ainfi. *Luc. ch.* 10. *v.* 23.

HOMELIE SEPTIÉME SUR LE SAMARITAIN.

CELUY qui confiderera des yeux de la foy cette effroyable & presque univerfelle défunion des hommes d'avec les hommes, ne pourra s'empêcher de reconnoître qu'elle eft une jufte punition de la défunion des hommes d'avec Dieu : car tout devroit tellement les obliger à vivre bien enfemble, & à s'aimer mutuellement, que de voir le contraire, ce ne peut être qu'une marque vifible de leur dépravation, & un effet de quelque caufe fecrette, qui les châtie par où ils ont peché. Ils font d'une même efpece, & d'une même nature, & tout animal aime fon femblable, dit le Sage, *omne animal diligit fibi fimile*. Cependant l'homme feul, moins docile à cette douce inclination que la bête, n'aime pas l'homme. Voit-on que le lion, tout feroce qu'il est, haïsse le lion ? Voit-on que quelqu'un d'eux assemble une armée de lions contre une armée de lions, pour s'entre-détruire ? Voit on que non contens des armes que la nature leur a données pour leur conservation, ils ayent recours à des instrumens effroyables, au fer & au feu, à des machines terribles capables de reduire en poudre les rochers mêmes, afin de s'exterminer ? D'ailleurs les hommes sont necessaires aux hommes, les Maîtres ont besoin de leurs Domestiques, les enfans de leurs parens, les sujets de leur Prince & les Princes de leurs sujets, les pauvres des riches, les ignorans des sçavans ; tous ont besoin des Marchands, des Ouvriers, des Artisans; & ceux qui cultivent la terre, & qu'on met au dernier rang, sont les plus utiles à la vie: D'où vient donc que ne pouvant se passer les uns des autres, ils ne peuvent se souffrir les uns les autres ? d'où vient que peu d'accord avec eux-mêmes, ils veulent être aimez du prochain, & ne veulent pas aimer le prochain, puisqu'on ne peut être aimé, si l'on n'aime ? D'où vient qu'ils veulent occuper le cœur de l'homme, comme la plus belle place du monde, & qu'ils ne veulent pas lui en donner une dans le leur ? d'où vient que leur haine mutuelle les exposant à plusieurs malheurs & perils, car il n'y a point d'ennemis méprisables, & les privant d'un nombre infini de secours & de commoditez, ils aiment mieux se faire la guerre, que de vivre en paix ? Le Seigneur qui les tira du neant, pour mieux conserver entre eux la paix & la concorde, voulut, dit saint Augustin, qu'ils sortissent d'une même tige, qu'ils nâquissent d'un même mariage, qu'ils eussent le même pere & la même mere, qu'ils composassent la même famille, & qu'ils fussent tous freres & sœurs. Ce qu'il a ordonné être ainsi, & selon la nature, & selon la grace, qui reforme la nature : *Fratres & sorores Christiani*, dit un ancien Pere, *qui de uno utero ignorantiæ ejusdem, ad unam lucem expaverunt veritatis.* Et cela afin que l'amour & l'union que les hommes doivent avoir ensemble leur fût plus vivement imprimée : *ut vehementiùs homini commendaretur societatis unitas, vinculumque concordiæ*, continuë saint Augustin : & qu'ils y fussent d'autant plus naturellement engagez, qu'ils se verroient non seulement semblables en espece, mais encore conjoints par les plus tendres & les plus forts liens de la parenté : *Si non tantùm inter se naturæ similitudine, verùm etiam cognationis affectu homines necterentur.* C'est même par cette raison que ce souverain Ouvrier voulut encore que la femme fût tirée de l'homme, *ut omne ex homine uno diffunderetur genus humanum.* Il n'en fut pas ainsi des autres animaux. Dieu en forma grand nombre tout à la fois de chaque espece, *non ex singulis propagavit, sed plura simul jussit existere* : & neanmoins ceux-cy, quoyque privez de raison, sont humains entre eux, si l'on peut user de ce terme, & les hommes avec toute leur raison sont devenus inhumains. Depuis que le Démon eût porté les premiers hommes à se separer de Dieu, il n'a cessé de porter les hommes à se separer d'eux-mêmes, il n'a cessé d'inspirer aux hommes la haine contre les hommes : n'est-ce pas cet esprit ennemi qui fut auteur du premier homicide, & de cette cruelle maxime, source feconde de tant de maux : Eſt-ce que je ſuis le gardien de mon frere ? *Num cuſtos fratris mei ſum ego ?*

Peut-on s'étonner aprés cela ſi nôtre divin Redempteur, ſi nôtre Roy pacifique, qui venoit reconcilier en lui l'homme avec Dieu, & l'homme avec l'homme, a poſé l'amour du prochain comme le fondement principal de ſa Loi, & de la reparation du genre humain, laquelle devoit être l'ouvrage de ſon amour ? Voicy mon commandement, dit-il à ſes Apôtres, voicy le precepte ancien & nouveau que je vous donne, & que je vous fais : celui que je choiſis & que j'adopte particulierement comme mien, celui auquel on connoîtra que vous êtes mes Diſciples, c'eſt que que vous vous aimiez les uns les autres comme je vous ai aimez, & comme je vous aime : *Hoc eſt præceptum meum, ut diligatis invicem ſicut dilexi vos.* Voilà mon commandement : il l'appelle *ſien*, parce que l'Incarnation n'eſt que la parfaite execution de ce precepte pris dans toute ſon integrité. Il l'appelle, *nouveau*, parce qu'il lui a donné : 1. Une *nouvelle étenduë:* Les Juifs ſe contentoient d'aimer leurs parens, & leurs amis : ſelon Jeſus-Chriſt, il faut aimer tous les hommes, nul excepté, étranger, inconnu, ennemi, perſecuteur. 2. Il lui a donné une *nouvelle perfection*, ayant ordonné qu'on s'aimât, non ſeulement comme enfans d'une même famille, ainſi qu'autrefois, mais comme membres d'un même corps, ce qui approche plus de l'unité, laquelle eſt la conſommation de la charité. 3. Enfin Jeſus-Chriſt a donné *un nouveau modelle*, & de l'amour du prochain, nous ayant aimé comme lui-même, en ſe livrant à la mort pour nous procurer le ſalut :

ſalut : & de l'amour de Dieu, ayant aimé ſon Pere plus que lui-même, & préferé la volonté de ce Pere bien-aimé à la ſienne propre. Voyons-le dépeint, ce divin Sauveur, dans l'Evangile d'aujourd'huy ſous l'excellente figure de ce pieux Samaritain, qui fait le ſujet de nôtre entretien. Car les Peres obſervent que les Juifs ayant appellé le Sauveur un demoniaque, & un Samaritain, *Samaritanus es, & dæmonium habes :* il ſe contenta de répondre qu'il n'avoit point de démon, *ego dæmonium non habeo :* celui qui commandoit aux démons, & qui ſauvoit les hommes, auroit il été poſſedé des démons? *qui homines ſalvabat, & dæmonibus imperabat*, dit ſaint Auguſtin. Mais ſur l'autre reproche d'être un Samaritain, il ſe tut : *quod reſpondit, refutavit : quod tacuit, confirmavit. Unum negavit, alterum non negavit*, ajoûte le même Pere. De ſorte que, mes tres-chers Freres, ſi Abraham a été un parfait modele de la foy ; Joſeph de la chaſteté ; Job de la patience; Moyſe de la douceur : & au contraire, ſi le mauvais Riche, ſi le Phariſien, ſi l'Apôtre infidele ; ont été des modelles d'avarice, d'orgueil, de perfidie : on peut aſſurer que le Samaritain, & le Levite d'aujourd'huy, ſont en leur genre des modelles achevez, l'un de miſericorde, & l'autre d'inhumanité.

PREMIERE CONSIDERATION.

Toute ſorte de raiſons humaines ſembloient devoir éloigner le Samaritain d'exercer ſur ce voyageur dépoüillé & bleſſé par les voleurs, les actes parfaits de charité qu'il pratiqua dans cette occaſion.

1. Premierement, ce Samaritain, dit saint Chrysostome, ne le connoissoit point : il n'étoit ni son parent, ny son ami, ny son voisin, ny son compatriote : il n'en esperoit ny retour, ni recompense : cependant il ne dit point en lui-même, est-ce que je suis chargé de cet inconnu ? *Samaritanus, qui nulla ex parte illi conjunctus erat, non dixit apud se : Quid mihi cura est istius ?* Aucun vuide semblable ne se trouva dans l'esprit de celui dont le cœur étoit plein de charité : *Nihil horum dixit : adeò humanus mitisque fuit erga hominem ignotum.* Il est vrai qu'il ne sçavoit pas quel estoit ce malheureux, mais il sçavoit parfaitement la Loy qui l'obligeoit de le secourir : *unicuique Deus mandavit de proximo suo :* & quoyque l'Evangile n'eût pas encore fait retentir à ses oreilles cette admirable maxime, que nous devons faire aux autres, ce que nous voudrions que les autres nous fissent, *prout vultis ut faciant vobis homines, & vos facite illis similiter :* il la portoit gravée au fonds de son être, & le peché n'avoit pû effacer ce que le doigt du Créateur y avoit tracé & imprimé : il vit un miserable, il n'en fallut pas davantage pour le porter à le secourir : *homo quidam*, dit le texte sacré : Ce n'étoit ny son parent, ny son ami : non, mais c'étoit un homme, *homo quidam*, c'en fut assez : La foy, si elle est vraye, s'étend sur toutes les veritez : la charité, si elle est sincere, se répand sur tous les hommes : *homo quidam.* Qui pourra donc souffrir sans indignation un Chrétien inaccessible à la pitié envers ses propres freres, & qui sont quelquefois plus dignes de compassion que ne l'étoit cet étranger ? Combien doit il craindre de trouver un Juge aussi dur envers

lui, qu'il a été dur envers les autres? *Quam habituri ſumus nos veniam, ſi proprios fratres nos neglexerimus in malis gravioribus?* continuë ſaint Chryſoſtome à ce ſujet. Le caractere d'un homme livré à un ſens réprouvé, ſelon ſaint Paul, eſt de n'avoir ny affection ny compaſſion: *ſine affectione, ſine miſericordia.* Celui d'un Prédeſtiné, c'eſt d'avoir des entrailles de miſericorde & de bonté, & ſur tout envers les affligez: *induite vos ergo ſicut electi Dei, viſcera miſericordiæ, benignitatem, &c.* C'eſt pourquoy nous verrons bien tôt, que le Samaritain d'aujourd'huy, voulant guerir ce moribond, commence par mettre de l'huile ſur ſes playes, & puis du vin, *infundens oleum & vinum*: nous apprenant que pour remedier aux miſeres du prochain, il faut d'abord gagner ſon cœur par la douceur, puis faire ſucceder le vin à l'huile, ou plutôt les mêler enſemble: il y en a qui ne verſent que de l'huile, & d'autres que du vin, ne conſiderant pas que l'huile ſeule ne fait que flatter le mal, & le vin ſeul que l'aigrir: que la charité marche donc toûjours la premiere, à l'exemple du Samaritain: ou plûtôt de ces deux liqueurs, faiſons-en un baume qui contienne la vertu de toutes les deux: *miſcenda lenitas cum ſeveritate, faciendumque quoddam ex utraque temperamentum*, dit ſaint Gregoire. Eliſée envoyera inutilement ſon ſerviteur avec ſon bâton pour reſſuſciter le fils de la Sunamite, cet enfant demeurera mort: il faut que le Prophete vienne lu-même, qu'il s'abrege ſur cet enfant, & qu'il l'échauffe de ſon ſouffle, & pour lors il recouvrera la vie.

11. Une autre raiſon ſembloit devoir rebuter la cha-

rité du Samaritain : Cet homme bleſſé étoit Juif de nation ; *natione Judæus*, comme obſerve ſaint Auguſtin, de plus il venoit de Jeruſalem, *deſcendebat ab Jeruſalem :* or les Juifs & les Samaritains avoient entr'eux une extrême antipathie : les Juifs étoient dans la vraye Religion : les Samaritains étoient ſchiſmatiques, & même heretiques ; ils avoient élevé autel contre autel : les Diſciples s'étonnoient que le Sauveur parlât à la Samaritaine, n'y ayant nulle ſocieté ny nul commerce entre les deux nations, *non enim coutuntur Judæi Samaritanis.* Les Samaritains ne voulurent pas une fois recevoir Jeſus-Chriſt chez eux, parce qu'il alloit en Jeruſalem : *& non receperunt eum, quia facies ejus erat euntis in Jeruſalem :* de quoy ſaint Jacques & ſaint Jean indignez vouloient faire deſcendre le feu du Ciel pour conſumer cette ville impie. Les Phariſiens croyoient faire une injure atroce à Jeſus-Chriſt, en l'appellant un Samaritain, *nonne bene dicimus quia Samaritanus es?* Toutes ces raiſons, ny toute la diverſité de Religion, qui met un ſi grand divorce entre les hommes, ne purent donner des bornes à la charité de nôtre pieux Samaritain. L'Evangile commençoit à répandre ſes douces impreſſions dans les cœurs, & la grace de la nouvelle alliance & de la reconciliation des hommes avec Dieu, reconcilioit déja inſenſiblement les hommes entr'eux, & leur apprenoit à faire du bien à ceux qui leur vouloient du mal : *benefacite his qui oderunt vos.* Car dans la diſpoſition des eſprits de ce temps-là, un Samaritain faire du bien à un Juif, c'étoit en faire à ſon ennemi : on commençoit à rappeller le ſouvenir que Dieu n'avoit jamais permis d'inimitié aux hommes, dit ſaint Baſile, que contre le Demon : *Unum odium permiſit nobis Deus, ſcilicet odium cum ſerpente : inimicitias, inquit, ponam inter te & mulierem, inter ſemen tuum & ſemen illius: ſolum illum qui naturæ noſtræ hoſtis eſt habere pro inimico Deus juſſit :* Que toute autre averſion leur étoit défenduë : on ſe rendoit peu à peu ſuſceptible de cette religieuſe & ſublime penſée, qu'il falloit imiter le Pere commun de tous, qui fait luire ſon Soleil ſur les bons & ſur les méchans : qui fait deſcendre la pluye ſur l'heritage du pecheur, auſſibien que ſur celui du juſte. On ne deſeſperoit plus que tous les peuples, quoyque ſi differens de mœurs, d'eſprit, de Religion, ne vinſſent enfin à ſe réunir dans les mêmes ſentimens, & dans le même culte : on prêchoit cette doctrine, & le Sauveur diſoit à la Samaritaine : Le temps vient, & il eſt déja venu, auquel les vrais adorateurs adoreront le Pere en eſprit & en verité ; car ce ſont-là les adorateurs que le Pere cherche : *adorabunt Patrem in ſpiritu & veritate :* paroles dignes d'être aprofondies : qui non ſeulement veulent dire que nous devons rendre à Dieu nos devoirs interieurs, par les humbles & reſpectueux mouvemens de nôtre entendement, & de nôtre volonté : & par l'obſervation fidelle de ſes loix, ne nous contentant pas, comme les Juifs, des ceremonies exterieures, ni comme les lâches Chrétiens, des ſimples deſirs & reſolutions, ſans en venir à la pratique des vertus, & à l'exercice des bonnes œuvres : mais par un ſens plus haut : adorer Dieu *en eſprit*, c'eſt l'honorer par un culte élevé au deſſus des ſens, & conforme à ſa nature immaterielle ; ce que ne faiſoit pas le Juif groſſier, attaché à l'alliance charnelle, aux biens temporels, aux lieux & aux ceremonies legales & exterieures, qu'il regardoit comme le terme des promesses de Dieu, & non comme des figures mysterieuses d'une Religion à venir, plus épurée, plus étenduë, plus spirituelle & plus parfaite, laquelle donneroit ce que la Juive representoit, & promettoit : adorer Dieu *en verité*, c'est l'honorer par un culte conforme à ce que la foy nous apprend de ce premier être, & qu'il a voulu nous en reveler, & nous ordonner ; ce que ne faisoit pas le Gentil idolâtre, ny le Samaritain heretique, qui ne sçavoient ce qu'ils adoroient : Jesus-Christ abolissant ainsi le culte idolâtre à cause de son impieté; le culte Samaritain à cause de ses erreurs ; le culte Juif à cause de son vuide ; & établissant une Religion, qui dans les dons presens, montre les biens futurs, & rend à Dieu un culte prescrit par lui-même ; digne de ce qu'il est ; convenable à ce que nous sommes ; à ce que nous en sçavons ; à ce que nous lui devons ; à ce que nous attendons. Qu'on cesse donc d'être surpris si le monde commençant d'ouvrir les yeux à cette divine Theologie, ny la jalousie de nation, ny la diversité de Religion, ne purent arrêter l'effusion du cœur charitable de nôtre Samaritain.

Mais qu'auroit-il fait, si à la compassion naturelle, & à cette aurore de l'Evangile naissant, il avoit joint les vûës religieuses qu'une foy éclairée y découvre, & qu'on va expliquer au long dans un moment ; sçavoir, que cet homme malheureux est Adam, *ipse homo protoplastus, cujus figuram in isto loco posuit Dominus*, dit saint Chrysostome, *qui jacebat destitutus salutis au-*

xilio, immortalitate nudatus, & cœlesti dignitate privatus: depoüillé de sa premiere dignité, blessé à mort, nud, & renversé par terre, sans force, & n'ayant plus qu'un souffle de vie : *qui spoliatus primæ originis dignitate, mortisque telo prostratus, sine viribus jacebat & nudus :* Que les efforts impuissans de sa foible raison, ny le bruit éclatant de la Loy & des Prophetes, representez par le Prêtre & le Levite d'aujourd'huy, n'avoient pû guerir ny relever : *Qui tubâ legis & Prophetarum insonante, dum suis conatur surgere viribus, vulneris dolore retractus, in lapsum gravius recidit quo jacebat :* Qu'il falloit que Jesus-Christ, dont le Samaritain alloit lui-même representer la charité, s'approchât de cet homme par l'Incarnation : *Tunc enim appropinquavit, quando factus est compassionis nostræ susceptione finitimus, & misericordiæ collatione vicinus :* Qu'il marchât par sa vie voyagere, dans le même chemin de la mortalité commune où gisoit l'homme malheureux, & qu'il donnât son sang pour lui : *cùm eadem viâ transiret, id est, cùm in carne justus pro nobis peccatoribus mori venisset :* qu'il l'élevât de terre, & le portât avec toutes ses infirmitez sur sa chair mortelle, ainsi que le bon Pasteur sa brebis recouvrée sur ses épaules, pour le ramener & l'introduire de nouveau dans le bercail du Paradis dont il s'étoit égaré : *in jumentum suum elevans à terra imposuit, & oberrantem ut ovem subvectans humeris propriis in paradisum, unde lapsus fuerat, revocavit. .... In jumento misericordiæ, & humeris dominicæ dilectionis sedentem :* Et enfin qu'il remplît parfaitement le nom de Samaritain, qui veut dire gardien & sauveur. Cette excellente doctrine est tirée de saint Ambroise & de saint

Auguſtin. Qu'auroit fait ce Samaritain, dis-je, s'il eût ſçu qu'en ce moribond tout le genre humain étoit figuré, & qu'en le ſecourant il repreſentoit la charité du Redempteur de tout le genre humain? Ceſſons donc encore une fois de nous étonner ſi la diverſité de nation, ou de Religion, ne put arrêter la charité de nôtre Samaritain.

III. La crainte ne la reſſerra pas non plus : car, comme remarque ſaint Chryſoſtome, tout étoit icy dangereux : un lieu choiſi par des voleurs pour couper la gorge aux paſſans, n'étoit pas ſeur ; y mettre pied à terre, & s'y arrêter, c'étoit viſiblement s'expoſer ; les voleurs n'étoient pas loin ; un moribond, nud, bleſſé, couché par terre, étoit un objet effrayant ; ce pouvoit être un piege : d'ailleurs quel ſecours lui donner ſi l'on n'alloit avertir le voiſinage ? que ſi le malade mouroit entre les bras du Samaritain, la Juſtice le ſoupçonneroit d'en avoir été le meurtrier, & le puniroit peut-être comme tel : *Si bajulans vulneratum ipſe moriatur, reputabitur Samaritanus cædis reus, obnoxius erit homicidio*, dit ſaint Chryſoſtome. Il étoit ſeul, ſans compagnie, ſans domeſtique. Enfin il ne pouvoit ſecourir utilement ce malheureux, qu'en le mettant ſur ſon cheval, & qu'en marchant lui-même à pied, effort qui pouvoit être tres-incommode à un voyageur, & intereſſer ſa ſanté. Ajoutez à cela la conduite du Prêtre & du Levite, qui s'étoient retirez, ne croyant pas qu'il fit bon là pour eux, ny que ce fût une œuvre de charité faiſable : ce mauvais exemple pouvoit ſans doute intimider le Samaritain, & lui faire comprendre que ſi ces deux perſonnes conſacrés au Seigneur,

gneur, & dévoüées au ſervice du prochain, en uſoient ainſi, il pouvoit ſe diſpenſer d'en faire davantage. Mais la parfaite charité bannit la crainte, & la pieté ſolide ne ſe laiſſe pas abbattre au mauvais exemple : on eût dit que le Samaritain avoit entendu de la bouche même du Sauveur, qu'expoſer ſa vie, & la livrer pour le prochain, c'eſt avoir la charité dans ſa perfection : & qu'on devoit être docile à la doctrine des Phariſiens, mais qu'il ne falloit pas ſe conformer à leur conduite. Une vertu plus mediocre auroit ſuccombé à de ſemblables tentations. En effet, dit ſaint Auguſtin, le Laïque qui touché de Dieu ſe propoſe le deſſein de vivre dans la pieté, & de ſuivre le chemin de la vertu, *Laicus qui vult benè vivere*, s'il voit les Miniſtres du Seigneur dans le déreglement, il s'y laiſſe aller lui-même, & tous ſes bons deſirs s'évanoüiſſent : *ſi attendit Clericum malum, malè vivit :* peut on attendre de bonnes copies d'aprés de mauvais originaux? *de correctis exemplaribus correcta ſcribuntur volumina*, dit un grand Docteur, *&* *de corruptis corrupta.*

SECONDE CONSIDERATION.

Il paroît donc que ces deux Miniſtres d'aujourd'huy, ce Prêtre & ce Levite pechoient en cette occaſion contre les plus excellens devoirs de leur miniſtere.

1. Pouvoient-ils plus grievement pecher contre la charité du prochain, cette vertu vrayement ſacerdotale? car toutes les circonſtances qui peuvent l'exciter ſe trouvoient comme réunies dans un ſeul ſujet.

C'étoit un homme de leur nation, de leur patrie, & de leur communion, qui venoit apparemment de rendre ses devoirs à Dieu en Jerusalem, aussi bien qu'eux : qu'on avoit volé, dépoüillé, blessé en divers endroits, *incidit in latrones qui despoliaverunt eum, & plagis impositis, abierunt semivivo relicto :* qu'ils voyoient couvert de sang, demi-mort de crainte & de douleur, abandonné d'un chacun, exposé à toute sorte d'accidens, hors d'état de se défendre : *jacebat confossus vulneribus, squallenti corpore, fluentique tabo cruentus, & moriens, destitutus salutis auxilio :* dit saint Chrysostome. Un homme sans remede corporel, ny spirituel ; en danger de se laisser aller au desespoir ; dans un besoin infini de quelque Ministre du Seigneur pour en être consolé, fortifié, & encouragé à la patience : pour lui inspirer le pardon des ennemis ; la resignation à la volonté de Dieu ; l'acceptation de ses maux en expiation de ses pechez ; la confiance en la misericorde divine ; enfin pour le disposer à une bonne mort. Délaisser un homme en une telle extremité, étoit-ce avoir une ombre de charité ? Quels Ministres sacrez sont ceux-cy ? sans humanité, sans compassion, sans zele du salut des ames ? timides, durs, impitoyables ? & ce n'est pas un seul qui se trouve coupable de ces horribles crimes, ils sont deux également impies, un Prêtre qui venoit aussi de Jerusalem, *accidit autem ut Sacerdos quidam descenderet eâdem viâ :* & qui selon les apparences avoit tout recemment exercé les fonctions sacrées, voit de ses propres yeux ce pauvre moribond exposé aux bêtes, dans le plus triste état du monde, & il passe sans daigner s'arrêter un moment, sans le plaindre, ſans le ſecourir, ſans appeller du moins quelqu'un, *& viſo illo præteriit?* il n'eſt nullement touché de cet objet. Un Levite prés de ce lieu, ſoit qu'il y eût ſon habitation, ſoit qu'il s'y trouvât par une providence particuliere, voit auſſi ce pauvre malheureux, & n'eſt pas plus ſenſible à ſes maux que le Prêtre: *ſimiliter & Levita, cùm eſſet ſecus locum, & videret eum, pertranſiit.* Qui jamais a rien entendu de ſemblable? Le Seigneur avoit ordonné dans ſa Loy d'avoir même de l'humanité pour les bêtes: Si vous rencontrez le bœuf de vôtre ennemi, ou ſon âne qui ſe ſoit égaré, diſoit la Loy, vous le lui ramenerez: *Si occurreris bovi inimici tui, aut aſino erranti, reduc ad eum.* Si vous voyez l'âne de celui qui vous haït, tombé ſous le fardeau, vous ne paſſerez point outre, mais vous aiderez à le relever: *ſi videris aſinum odientis te, jacere ſub onere, non pertranſibis, ſed ſublevabis cum eo.* Voicy un homme accablé de maux, & le Prêtre l'abandonne! Or ſi le Laïque devoit avoir compaſſion d'un animal, & d'un animal appartenant à ſon ennemi, combien plus le Prêtre & le Levite étoient ils tenus d'avoir pitié d'un homme, & d'un hōmme, qui loin de leur être inconnu, leur étoit conjoint par tant d'ēdroits, & qui appartenoit, non à leur ennemi, mais à Dieu même? Car, comme raiſonne ſaint Chryſoſtome, ſi Dieu ordonnoit aux Iſraëlites, lorſqu'ils trouvoient quelques animaux écartez, ou tombez, d'en prendre le même ſoin que s'ils euſſent été à eux; comment ne rougiſſons-nous pas de délaiſſer nos freres, lorſque nous les voyons dans la déſolation? & n'eſt-ce pas la derniere cruauté d'être moins humains à l'égard des hommes, que les Juifs même ne devoient l'être à l'égard des bêtes? *Summæ inhumanitatis est non tantùm nos curæ hominibus intendere, quàm Judæi jumentis.* Combien l'homme est-il quelque chose de meilleur que la brebi? *Quantò melior est homo ove?* Le Prêtre & le Levite d'aujourd'huy ne sçavoient point ces saintes Loix, ou les accomplissoient tres-mal. Ce n'étoit pas là des enfans d'Abraham, c'étoient des Amorrhéens & des Cananéens: *hæc dicit Dominus Deus Jerusalem: Radix tua & generatio tua de terra Chanaan, pater tuus Amorrhæus, & mater tua Cethæa.*

11. Pouvoient-ils pecher plus grievement contre la charité qu'ils se devoient à eux-mêmes? ou, pour mieux dire, en n'exerçant pas la charité, n'étoient-ils pas plus à plaindre eux-mêmes, que ce pauvre malheureux qu'ils ne plaignoient pas? les voleurs l'avoient à la verité dépoüillé de quelques vils & méprisables vêtemens, & les Démons les avoient dépoüillez de la precieuse robe de la charité: son corps étoit blessé par le glaive des meurtriers, & leur ame étoit blessée par l'épée des Démons, par la dent de ce vieux serpent, qui a haï l'homme dés le commencement, & qui l'a blessé à mort: *quem in exordio mundi serpens diabolus gladio transgressionis transfixerat*, dit saint Chrysostome. Il étoit étendu dans un grand chemin, & ils marchoient dans la voye large de la perdition. Il étoit sur le point de voir éteindre en lui la chaleur naturelle; & ils avoient le cœur glacé par le froid de l'inhumanité. Au reste, quelle extinction de pieté dans la Synagogue! Combien paroissoit-elle être à la veille de sa ruine? Le Prêtre & le Levite d'aujourd'huy sont

vuides de charité. Des dix lepreux que le Sauveur guerit peu aprés, il n'y en eut qu'un ſeul, Samaritain, étranger par conſequent des Teſtamens divins, & de la ſaine doctrine, qui vint remercier le Sauveur de ſa gueriſon, corporelle & ſpirituelle : & les neuf autres, Juifs de nation, & de Religion, demeurerent ingrats, & incredules; leur corps fut nettoyé de la lepre exterieure, & leur âme demeura infectée de la lepre interieure: *Nonne decem mundati ſunt, & novem ubi ſunt ? non eſt inventus qui rediret, & daret gloriam Deo, niſi hic alienigena.*

III. Que ſi le Prêtre & le Levite de nôtre Evangile pechoient contre la charité, ne pechoient-ils pas également contre la juſtice, en abandonnant ainſi ce pauvre homme à ſon mauvais ſort? Les Prêtres & les Levites poſſedoient des biens immenſes, ils avoient quarante-huit villes avec leurs territoires; les decimes ou la dixiéme partie de tous les fruits de la Judée; les prémices de toutes choſes; des oblations infinies; des victimes ſans nombre: qui doute que c'étoit à la charge d'en aſſiſter les malheureux? y avoit il quelqu'un qui fût dans un plus grand beſoin de ſecours que celuy-cy? effrayé par la rencontre de ces voleurs inhumains, entre les mains deſquels il étoit tombé; dépoüillé de tout ce qu'il avoit juſques à ſes habits; meurtri & couvert de ſang & de playes; couché ſur le bord du grand chemin; demi mort; ſans conſolation temporelle ni ſpirituelle : enfin reduit à mourir dans un délaiſſement univerſel: *incidit in latrones, qui etiam deſpoliaverunt eum, & plagis impoſitis, abierunt ſemivivo relicto.* Pouvoient-ils avoir un objet plus preſſant pour exercer la misericorde ? n'y étoient-ils pas obligez par justice même ? Cependant ils le voyent : *viso eo* ; ils le considerent, ils passent : *viso eo , præteriit :* Il est vray que cet homme ne leur dit mot , il ne leur demande rien : mais quoy, dit saint Augustin , si la langue du pauvre se tait, la pâleur de son visage ne parle-t-elle pas? si sa bouche garde le silence, ses playes crient : *si tacet lingua , loquitur pallor in facie.* Le Levite dont l'habitation n'étoit pas loin , *cùm esset secus locum*, pouvoit encore plus aisément lui procurer du secours. Les bêtes les plus feroces ne refusent pas la mamelle à leurs petits affamez , la nature adoucit leur humeur farouche : le Juif aussi cruel que l'autruche des deserts , resiste à ces tendres impressions , & voit son frere mourant sans être touché de compassion : *viso eo , præteriit : sed & lamiæ nudaverunt mammam , lactaverunt catulos suos : filia populi mei crudelis quasi struthio in deserto.* Le Laïque même pauvre est tenu en conscience de partager son pain avec le famelique reduit à l'extrême necessité, le Prêtre & le Levite, riches & opulens laisseront-ils perir les miserables sans leur faire part de leurs superflus ?

IV. Enfin ne pechoient-ils pas encore contre la Religion ? Ils venoient de la sainte Cité de Jerusalem , de visiter le Temple du Seigneur , d'y offrir des victimes pour le salut des peuples, d'y presenter leurs oblations , d'y rendre leurs vœux. Ce pauvre voyageur l'avoit apparemment fait aussi , & le secours que la providence lui procura dans son extrême besoin en fut peut-être une recompense. Le Prêtre & le Levite avoient avec leurs confreres, profité de ses dons , il étoit par consequent de leur religion de faire part des biens de l'Autel à ceux qui mettoient leurs preſens ſur l'Autel. D'ailleurs où étoit leur zele pour ne pas rendre odieux leur caractere aux impies, qui ne cherchent qu'à le décrier ? il eſt certain que le vice du Miniſtre retombe ſur le miniſtere : *ſi in Clerico, qui exemplo cœteris eſſe debet, juſtè aliquid reprehenditur*, dit le grand ſaint Gregoire, *ex ejus vitio tota Religionis noſtræ exiſtimatio gravatur.* Quand on voit que le Prêtre n'a pas une profonde pieté, on ne peut ſe perſuader qu'il croye la grandeur des myſteres qu'il opere. Quand on voit qu'il n'a pas les vertus dans un haut degré, on ſe figure que la Religion qu'il profeſſe ne donne pas la grace, ny la force de rendre les hommes meilleurs. Quand on voit qu'il s'attache aux biens temporels de ce monde, on s'imagine qu'il n'eſpere pas aux biens éternels de l'autre, ou qu'il ne les croit pas. On ne peut ſe reſoudre à ſuivre un chemin enſeigné par un ſi mauvais guide : on rejette des remedes ordonnez par un Medecin ſi peu habile : on mépriſe une Religion propoſée par des Miniſtres ſi mépriſables, & on ne ſçauroit ſe convaincre que ceux qui n'ont point de charité pour les hommes puiſſent être bons à ſauver les hommes. Que ſert une lampe miſe ſous un boiſſeau, ou ſous un lit, ou ſous un vaſe ? c'eſt à dire un homme qui doit être la lumiere du monde, enſeveli ſous l'amour des biens, des plaiſirs, ou des honneurs ? *ſub modio, ſub lecto, ſub vaſe*, ce ſont les trois expreſſions de l'Evangile. Il faut que le Pontife de Jeſus-Chriſt ſoit tellement irreprehenſible, dit ſaint Jerôme, que l'infidele qui ne craint point de blaſphemer contre la Religion, diſant qu'elle propoſe des myſteres trop élevez, ou des vertus trop difficiles, n'ose rien reprocher à celui qui la professe. *Talis sit Pontifex Christi, ut qui Religioni detrahunt, vitæ ejus detrahere non audeant.* Il faut que voyant la sainteté du Prêtre, il soit porté à reverer la sainteté de Dieu, qui exige & qui se forme des Ministres si venerables, dit saint Ambroise : *auctorem prædicet, & Dominum veneretur, qui talis servulos habet* : il faut que le fidele jettant les yeux sur le Pontife, comme sur son modelle, apprenne de lui à pratiquer les plus excellentes vertus : *Vita Clericorum, liber Laicorum*, dit un Concile. Il faut que sa seule presence impose silence à l'impie & au libertin : *in cujus conspectu vitia suffundantur, pravi mores erubescant.* Il faut que sa vûë seule soit une grande prédication : *hos vidisse, erudiri est.* Quel est donc le scandale que causent à l'Eglise les Ministres indignes d'une si divine profession ? ignorent-ils qu'il ne leur suffit pas de travailler à se procurer le salut, s'ils ne travaillent à procurer le salut du prochain ? *Sacerdos & si propriam vitam benè dispensaverit, aliorum autem non cum diligentia curam habuerit, cum impiis in gehennam ibit*, dit saint Chrysostome, & qu'on ne leur demandera pas seulement compte de leur ame, mais encore de l'ame des autres, selon saint Augustin : *à quibus sunt omnium animæ requirendæ ?* Quand nous considerons ces grandes maximes, ces étroites obligations, & que nous en jugeons, non selon les préventions humaines & corrompuës, mais selon ces saintes & constantes Loix, nous ne sçavons qui de nous sera sauvé. Le pieux Roy Josias voulant renouveller le culte de Dieu presque aboli par les idolatries de ses prédecesseurs, & ayant ordonné qu'on purifiât le Temple, on y trouva le Livre

Livre de la Loy de Moyse tout couvert de poussiere & d'ordure, & qui n'avoit pas été ouvert de long-temps. On le dit à ce Prince, il voulut sçavoir quel étoit ce Livre, on le lui porta, on le lut en sa presence, il entendit les menaces & les imprecations qui y étoient contenuës contre ceux qui violeroient les ordonnances du Seigneur, il en fut effrayé, il déchira ses vêtemens, & dans un saint transport il s'écria : nous sommes tous perdus : *scidit vestimenta sua dicens : Magnus furor Domini stillavit super nos.* Disons icy la même chose, en lisant ce que les saintes Lettres nous apprennent au sujet de la mauvaise vie des Prêtres du Seigneur : c'est leur impieté, leur avarice, leur manque de zele & de charité, & tous leurs autres défauts, qui sont cause de la perte des peuples ; qui les entraînent avec eux dans le précipice, qui attirent la malediction sur la terre : *nostris peccatis*, disoit saint Jerôme, *barbari fortes sunt : nostris vitiis Romanus superatur exercitus.* Saint Bernard se plaint de la même chose : *misera eorum conversatio, plebis tuæ miserabilis est subversio :* & sans nous éloigner de nôtre sujet, ne fut-ce pas la dépravation des Prêtres Juifs, qui causa la ruine entiere de toute leur nation, selon saint Gregoire : *ruina populi Israëlitici maximè ex culpa Sacerdotum fuit.* J'ose dire, ajoûte saint Chrysostome, considerant ces terribles veritez, & ce poids des obligations sacerdotales, & je l'ose dire, poursuit-il, non inconsiderément, mais aprés bien de serieuses & d'attentives reflexions, *non temerè dico, sed prout affectus sum & sentio :* je ne croy pas qu'il y ait grand nombre de Prêtres sauvez, & je croy au contraire qu'il y en a beaucoup plus qui se perdent : *non temerè dico, sed prout affectus sum & sentio : non arbitror inter Sacerdotes multos esse qui salvi fiant, sed plures esse qui pereant.*

v. Mais que le Laïque impie ne vienne point icy insulter au Prêtre. Qu'il ne pretende pas donner carriere à cette maligne inclination qu'il a de déchirer les Ministres de la Religion, & la Religion même. Il est vray, je l'avouë, le Prêtre & le Levite de nôtre Evangile, & même beaucoup de Ministres de la nouvelle alliance, figurez par ceux de l'ancienne, n'ont pas de charité : mais les mauvais Laïques figurez aussi par les voleurs d'aujourd'huy, qui ont reduit nôtre pauvre voyageur à l'extrémité où on l'a vû, en ont-ils davantage ? quel est le plus coupable, ou du Prêtre, de n'avoir pas compassion de ce miserable infortuné, ou du Laïque de l'avoir mis en cet état ? Vous déclamez contre le Prêtre, pour n'avoir pas revêtu un pauvre qui étoit nud : mais vous que ne meritez-vous pas pour luy avoir arraché ses habits ? Vous avez peut-être désolé je ne sçay combien de familles, reduit à la mendicité un grand nombre de veuves & d'orphelins, rempli les Hôpitaux de malheureux, & cela par vôtre avarice, vôtre rapacité, vos extorsions : vôtre bien est le sang des pauvres peuples : & vous vous scandalisez de ce que les Prêtres, les Levites, les Religieux, ne font pas l'aumône, de ce qu'ils ne donnent pas du pain à ceux à qui vous l'avez ôté ; des vêtemens à ceux que vous avez dépoüillez ; des secours à ceux que vous avez désolez ? de ce qu'ils ne versent pas de l'huile & du vin dans les playes de ceux que que vous avez blessez ? Car par quelles voyes avez-vous acquis tant de terres, d'heritages, de maiſons? par quel art avez-vous pû amaſſer tant d'argent, en ſi peu de temps, acheter des charges, obtenir des emplois ſi lucratifs, & des dignitez ſi honorables? n'eſt-ce pas aux dépens des peuples? que diriez-vous ſi ces voleurs dont parle nôtre Evangile d'aujourd'huy euſſent reproché à ce Prêtre & à ce Levite, qu'ils n'avoient ny charité, ny compaſſion, de ne pas ſecourir celuy qu'ils avoient reduit en ce déplorable état? n'eſt-ce point peut-être où vous en êtes? Ceſſez donc, Laïque injuſte, ou peu religieux, d'inſulter aux mauvais Miniſtres du Seigneur. Ou plûtôt ceſſons tous de nous faire des reproches, pour nous reformer tous, Prêtres & Laïques, ſur l'exemple édifiant que va nous donner le charitable Samaritain, en ſecourant un voyageur maltraité par des Laïques, & délaiſſé par des Prêtres, & examinons-en toutes les circonſtances.

TROISIE'ME CONSIDERATION.

1. Premierement, le texte ſacré nous dit que ce Samaritain faiſoit voyage : *Samaritanus autem quidam iter faciens.* Or il eſt certain qu'un voyageur ne porte ordinairement avec lui que ce qui lui eſt neceſſaire pour ſa dépenſe, & qu'il craint plûtôt de manquer d'argent que d'en avoir de reſte. De ſorte que ſi le Samaritain diſtribuë aux neceſſiteux ce qu'il a, ce doit être, non de ſon ſuperflu, mais de ſon neceſſaire : en quoy conſiſte la perfection de cette œuvre de charité : car ſi vous voulez juger quel eſt celui qui fait l'aumône la plus meritoire, ne regardez pas ce qu'il donne en la fai-

ſant, mais ce qui lui reſte aprés l'avoir faite : *non quantum detur, ſed quantum reſideat*, dit ſaint Ambroiſe. C'eſt ainſi que ſaint Exupere, au rapport de ſaint Jerôme, raſſaſioit le famelique, & ſouffroit la faim lui-même : *eſuriens paſcit alios* : & que tout attenué par le jeûne, tout pâle par l'abſtinence, il n'étoit cependant tourmenté que de la ſouffrance du famelique : *& ore pallente jejuniis, fame torquetur alienâ.*

2. Le Samaritain arrivé en ce lieu, vit ce pauvre infortuné, *videns eum*, il ne détourna pas les yeux de deſſus lui : il accomplit ce conſeil du Sage : *non avertas faciem tuam ab egeno, & ab inope ne avertas oculos tuos.* Il imita le Seigneur, qui voulant ſecourir ſon peuple affligé, regarda ſa miſere, & écouta ſes cris : *vidi afflictionem & exaudivi clamorem eorum.* C'eſt ainſi que le même Sauveur d'autrefois en uſe encore aujourd'huy dans le Sacrement de l'Euchariſtie, ſous lequel il ſe communique à nous : car ne ſe contentant pas de ſçavoir nos miſeres par la connoiſſance qu'il a de toutes choſes, il veut encore venir lui-même du Ciel en terre, entrer dans vôtre poitrine, & deſcendre au fonds de vôtre cœur, afin de les voir, pour ainſi dire, de ſes propres yeux, & comme pour en être plus aſſuré, & plus touché, la miſere preſente frappant davantage que la miſere abſente : imitez le Seigneur : ſoyez témoin vous même de la miſere des pauvres, entrez dans leurs chetives maiſons, deſcendez au fonds des cachots & des priſons : allez dans les Hôpitaux, conſiderez de vos yeux leur neceſſité, touchez leurs playes, ſentez leur puanteur, écoutez leurs cris, ſoyez leur une mere charitable, ne cedez point à un autre le merite des

bonnes œuvres, ne commettez point les fameliques à la mammelle d'une nourrice étrangere.

3. Nôtre Samaritain n'eut pas plûtôt vû ce pauvre affligé qu'il en eut compaſſion : *miſericordiâ motus eſt:* il fut touché de ſa miſere : ſemblable aux amis de Job, qui levant les yeux, & voyant ce Prince infortuné dans la déſolation, ſe mirent à pleurer : *cumque elevaſſent procul oculos ſuos ploraverunt.* Car, comme obſerve ſaint Gregoire, l'ordre de la conſolation demande que lorſqu'on veut ſoulager l'affliction de quelqu'un, on s'afflige premierement avec lui : *ordo quippe conſolationis eſt, ut cùm volumus afflictum quempiam à mœrore ſuſpendere, ſtudeamus priùs mœrendo ejus luctui concordare.*

4. Il s'approcha de lui, *& appropians*, il ne fit pas comme le Prêtre & le Levite, qui ſe détournerent pour l'éviter, ainſi que porte le texte original : le Samaritain mieux inſtruit des loix de la charité en uſe bien autrement : il nous apprend par ſon exemple à n'être pas du nombre des Chrétiens trop amateurs d'eux-mêmes, & de leur ſanté, qui fuyent les malades & les pauvres; qui craignent leur abord, leur haleine, & juſqu'à l'air qui les environne; qui ne leur parlent & ne les écoutent que de loin; qui ne peuvent ſouffrir leur laideur, ny leur puanteur; & qui ſur tout les évitent quand ils ſont prêts d'expirer : nôtre Samaritain plus vertueux ſurmonte toutes les repugnances; il va droit à ce mourant; il met pied à terre; il s'abaiſſe pour le prendre entre ſes bras, pour le relever & lui parler: cela n'ayant pû ſe faire autrement, ſi l'on y penſe bien, & ſi l'on examine ce qui ſuit : mais que lui dit-il? de quels termes ſe ſervit-il pour le conſoler, & le

fortifier. Sans doute il le plaignit, il lui demanda qui l'avoit mis en ce déplorable état ? il l'assura qu'il ne l'abandonneroit point; il l'embrassa, & lui promit tout secours: pardessus toutes choses il lui suggera de recourir à Dieu; de l'invoquer, de lui offrir son désastre; & de lui demander la grace d'en faire un bon usage: & parce que la vraye charité doit être effective, & qu'il ne faut pas seulement aimer de paroles, mais d'effet, *non verbo aut linguâ, sed opere & veritate* : il joignit les services aux promesses : car

5. En cinquiéme lieu, il nettoya ses playes, & répandit dessus de l'huile & du vin, *infundens oleum & vinum* : c'étoit apparemment le peu de viatique qu'il portoit avec lui pour se sustenter en chemin : & de ces deux liqueurs ensemble, il en fit une espece de medicament naturel, tout propre à fomenter les chairs blessées : & ensuite afin de rendre utile cette fomentation :

6. Il prit le linge qu'il avoit sur lui; il le déchira, où il le coupa; il en fit des bandelettes, & il en lia les playes du blessé, *& alligavit vulnera ejus* : il fit plus, car d'une partie de ses vêtemens il couvrit la nudité de celui que les voleurs avoient dépoüillé de tout : & ensuite, comme le malade étoit hors d'état de marcher, ou de se soûtenir lui-même, il l'aida à monter sur son cheval, *& imponens illum in jumentum* : il se mit à marcher à pied, & le conduisit le long du chemin. Quel spectacle, mes freres! ô cieux! ô Anges du Seigneur! ô Dieu de bonté! jettez les yeux icy-bas, & considerez ce qui s'y passe!

7. Aprés avoir marché long-temps en cet équipage, enfin il arrive tout fatigué à l'hôtellerie, *duxit in sta-*

bulum, & l'ayant deſcendu de cheval, il le mene dans une chambre; il le fait chauffer & mettre au lit; il lui procure du linge, des vêtemens, des alimens convenables; des medicamens; en un mot il n'obmet rien pour le ſoulager: *& curam ejus egit.* Terme qui dans ſon étenduë fait connoître qu'il n'oublia pas d'exhorter ſon malade à ſonger à Dieu, & à ſon ſalut. Le matin venu, *& mane facto*, il le viſite, & le trouvant mieux, il donne de l'argent à l'hôte & ſatisfait à la dépenſe de l'un & de l'autre: *protulit duos denarios, & dedit ſtabulario.* Et parce qu'il ne pouvoit reſter, & qu'il étoit obligé de pourſuivre ſon chemin, il prend l'hôte à part, il lui recommande ce pauvre homme, il lui enjoint d'en prendre un grand ſoin, & qu'il ait à lui fournir tout ce qui lui ſera neceſſaire, alimens, medicamens, & en un mot, qu'il ne lui épargne rien: pour fournir à cela il lui donne de l'argent par avance, & lui promet de lui rendre à ſon retour tout ce qu'il déburſera au-delà, *curam illius habe, & quodcumque ſupererogaveris, ego cùm rediero reddam tibi.* Peut-on voir rien de plus beau? peut-on trouver un modele d'une plus parfaite charité, & qui en renferme mieux tous les actes? Car par cette ſeule action, ô veritablement pieux Samaritain! vous avez merité d'entendre un jour de la bouche du ſouverain Juge ces paroles conſolantes: j'avois faim, & vous m'avez doné à manger; j'avois ſoif, & vous m'avez donné à boire; j'étois malade, & vous m'avez viſité; j'étois pelerin, & vous m'avez donné le couvert, j'étois nud, & vous m'avez revêtu.

QUATRIEME CONSIDERATION.

Au reste comment cet exemple ne seroit-il pas touchant, instructif, édifiant, puisqu'il est la figure mysterieuse de cette excellente charité que le Fils de Dieu nous a témoignée dans son Incarnation : car sous l'écorce de la charité du Samaritain envers cet étranger, les Peres ont unanimement reconnu le mystere de la charité du Sauveur envers le genre humain : secret qu'ils ont même dit tenir de la Tradition la plus ancienne, selon Origene. Voicy leur doctrine.

1. Ce certain homme, *homo quidam*, qui descend de Jerusalem en Jericho, est Adam, lequel entraîné par le penchant de ses basses inclinations, & déchû du haut degré de beatitude dont il joüissoit dans la celeste Cité du Paradis, est tombé dans le bas séjour de la mortalité : *Quidam homo, ipse Adam intelligitur in genere humano : Jerusalem civitas pacis illa cœlestis à cujus beatitudine lapsus est.*

2. Jericho, qui signifie l'inconstance & la mutabilité des êtres sublunaires, sur tout de l'homme, qui naît icy-bas, qui croît, qui vieillit, & qui meurt, qu'est-ce autre chose que ce monde corruptible ? *Jericho Luna interpretatur, & significat mortalitatem nostram, propter quod homo nascitur, crescit, senescit, & occidit.* Ce sont les paroles de saint Augustin. Voicy celles de saint Ambroise, qui ne sont pas moins expresses : *Jericho figura istius mundi est, in quam de Paradiso, hoc est de Jerusalem illa cœlesti ejectus Adam, prævaricationis prolapsione descendit, de vitalibus ad infirma demigrans.*

3. Ces

3. Ces voleurs qui dépoüillent ce pauvre homme, & qui le blessent; ne sont-ce pas le Démon & les Anges rebelles, *latrones Diabolus & Angeli ejus?* qui luy ravissent la precieuse robe de la justice & de l'immortalité: *justitiam & immortalitatem*; & qui luy ayant fait plusieurs playes, *plagis impositis*; c'est à dire, ayant blessé son entendement par l'ignorance & l'erreur; sa volonté, par l'inclination au mal, & la repugnance au bien; son corps par une infinité de miseres & d'infirmitez; se sont retirez, laissant cet homme demy-mort, n'ayant plus que quelques restes de lumiere & de connoissance de la Divinité, & quelques foibles sentimens & mouvemens pour la vertu en general; mais au surplus accablé des langueurs du peché: *Quia ex parte qua potest intelligere & cognoscere Deum, vivus est homo: ex parte qua peccatis contabescit, & premitur, mortuus est, & ideò semivivus dicitur.*

4. Le Prêtre & le Levite, qui passent sans secourir cet homme, que figurent-ils, sinon la Loy & les Prophetes, ou le Sacerdoce, & les anciens Sacrifices, insuffisans pour expier les pechez de l'homme, & le guerir de ses infirmitez: *Cui nec Sacerdos Aaron, transiens sacrificio potuit proficere: nec frater ejus Levita per legem potuit subvenire*, dit saint Chrysostome. En effet le Prêtre descendoit aussi de Jerusalem, & venoit à Jericho, & le Levite étoit proche de là, *secus locum*, tous deux par consequent hors de Jerusalem, & qui atteints du même mal, & ayant besoin de prier pour la guerison de leurs propres infirmitez, n'étoient pas en état de procurer la guerison des infirmitez d'autruy: en effet, selon saint Augustin; la Loy a été donnée pour cher-

cher la grace, & la grace accordée pour garder la Loy, laquelle ne peut être accomplie ſans la grace, non par aucun manquement de lumiere dans la Loy, mais par un défaut de force dans le malade : défaut que la Loy fait ſentir, & que la grace ſeule peut guerir. *Lex jubere novit, cui ſuccumbit infirmitas*, dit ſaint Auguſtin : *gratia juvare, qua infunditur caritas.* Il étoit reſervé à nôtre divin Sauveur, à nôtre pieux Samaritain, de porter en ſes mains le vin & l'huile, de porter ſur ſes lévres la Loy & la miſericorde tout enſemble : *Legem & miſericordiam in lingua portat* : comme lit ſaint Auguſtin avec les Septante : *Legem quia jubet : miſericordiam quia adjuvat ut fiat quod jubet* : la Loy par laquelle il commande, la miſericorde par laquelle il donne la force de faire ce qu'il commande. En effet la Loy de ſoy lumineuſe & ſainte, découvrant à l'homme ignorant & infirme ſes obligations, ſans luy donner la force de les accomplir, l'homme alors à la verité plus éclairé, mais également foible, n'en devenoit par conſequent que plus coupable, & multiplioit ainſi ſes prévarications : & ſentoit bien qu'outre un Docteur qu'il l'inſtruiſit, il avoit beſoin d'un Medecin qui le guerît, & qui luy donnât par une ſurabondante charité, ce qu'un ſurcroît de maladie, & non ſon plus grand merite, exigeoient de ſa toute-puiſſante miſericorde, c'eſt à dire la vertu de faire par la grace, ce que la Loy luy enſeignoit de faire par les Ecritures : *Sacerdos autem & Levita, qui eo viſo prætererunt, ſacerdotium & miniſterium veteris Teſtamenti ſignificant, quæ non poterant prodeſſe ad ſalutem.*

5. Le Samaritain eſt Jeſus-Chriſt, ce charitable &

tout-puiſſant Medecin , portant avec luy le vin & l'huile, ſymboles de la force & de la douceur ; de la miſericorde & de la ſeverité : le vin qui purifie les playes ; l'huile qui les ferme ; les ligamens qui les conſolident : *à cœleſti Medico confoſſa ligantur, ut intra ſemetipſa retinentia medicinam, ſanitati reddantur.* C'eſt à dire, répandant ſur nous le baume ſalutaire de ſon ſang, qui nous nettoye de l'ordure du peché ; qui arrête le cours de nos mauvaiſes habitudes ; qui nous affermit dans la pratique des bonnes œuvres : *alligatio vulnerum eſt cohibitio peccatorum* : qui met ſur ſon cheval ce pauvre bleſſé, *imponens eum ſuper jumentum ſuum :* c'eſt à dire, qui deſcendu du Ciel en terre, a pris ſur ſon humanité ſainte tous nos pechez, & toutes nos infirmitez : *ipſe iniquitates noſtras portavit, ipſe infirmitates noſtras accepit, & ægrotationes noſtras portavit, qui peccata noſtra ipſe pertulit in corpore ſuo ſuper lignum* : qui s'eſt chargé de toutes nos iniquitez, de toutes nos dettes, de toutes nos langueurs ; qui nous a rapportez ſur ſes épaules, comme le bon Paſteur, dit ſaint Ambroiſe ; qui par ſon humilité en deſcendant en terre, a merité nôtre élevation au Ciel ; qui par ſes fatigues nous a procuré le repos éternel ; qui ſe laiſſant lier & garroter, nous a attiré la grace de reſſerrer nos convoitiſes, non ſeulement fermant nos playes, mais empêchant qu'elles ne ſe rouvrent : *ſanat ergo non ſolùm ut deleat quod peccavimus, ſed ut præſtet etiam ne peccemus*, dit ſaint Auguſtin.

6. Cette *hôtellerie*, où l'on prend ſoin du malade, c'eſt l'Egliſe, dans laquelle on eſt en ſeureté contre les voleurs, *ſtabulum Eccleſiam accipimus, & extra ſtabulum la-*

trons, dit ſaint Chryſoſtome. Les brebis n'ayant rien à craindre des loups quand une fois elles ſont dans le bercail, continuë ce Pere : *Totum quod malum, nocens, & contrarium eſt, foris eſt.* *L'hôte* à qui on le confie, & à qui on le recommande, c'eſt le Miniſtre Apoſtolique prépoſé au ſalut des ames : *Stabulum eſt Eccleſia ubi reficiuntur viatores de peregrinatione, redeuntes in æternam patriam : ſtabularius eſt Apoſtolus : ſeu Epiſcopus*, diſent ſaint Auguſtin & ſaint Chryſoſtome : car quoyque l'iniquité ſoit effacée, il ne s'enſuit pas que l'infirmité ſoit ôtée, ainſi que raiſonne ce même Pere : *deleta eſt iniquitas, ſed non finita infirmitas.* Saint Ambroiſe enſeigne la même doctrine & fait la même reflexion : Jeſus-Chriſt ſeul peut par ſa grace guerir les bleſſures que le peché nous a fait : *liberare à putredine peccatorum, Chriſti virtutis eſt :* mais il eſt du ſoin & des travaux de l'homme Apoſtolique, d'empêcher que le malade ne faſſe des rechutes, & ne retombe dans le peché dont Jeſus-Chriſt l'a gueri : *ut autem ad illa iterum non revertantur, Apoſtolorum curæ eſt, ac laboris.*

7. Ces *deux deniers* qu'on donne, ſont la recompenſe de ceux qui évangeliſent les autres, *ad evangeliſandum cæteris :* le centuple en ce monde, & la vie éternelle en l'autre.

8. Ce *ſecond jour, alterâ die*, eſt celuy auquel on fait reluire dans l'eſprit du pecheur, aprés l'accompliſſement des preceptes, le zele de tendre à la perfection, & d'entreprendre la pratique des conſeils dont il n'auroit pas été capable le premier jour de ſa converſion, *illud eſt conſilium, &c.*

9. *Le retour* promis de ce pieux Samaritain, *cùm re-*

diero, figure le ſecond avenement du Seigneur, & ce qu'on promet de rendre à l'homme Apoſtolique, s'il met quelque choſe du ſien au delà de ces deux deniers : *quod ſupererogaveris cùm rediero reddam tibi* : c'eſt un ſurcroît de recompenſe pour les œuvres de ſurérogation qu'il fera, & qu'il ſuggerera : *menſuram bonam, & refertam, & coagitatam, & ſupereffluentem, dabunt in ſinum veſtrum.*

Mais ne nous arrêtons pas encore icy, mes tres-chers Freres : car tout ainſi qu'un avare ayant découvert une mine d'or, ne ceſſe point de foüiller en terre, dit ſaint Chryſoſtome, juſqu'à ce qu'il en ait tiré tout le precieux métail, qui y eſt enſerré : ainſi le Chrétien ſtudieux. & amateur des veritez celeſtes, doit d'autant moins déſiſter d'aprofondir le ſens myſterieux de l'Ecriture, qu'elle eſt un fonds inépuiſable des treſors de la ſcience & de la ſageſſe de Dieu : *non eſt finis theſaurorum ejus*, dit le Prophete : d'autant plus que c'eſt icy, non tant une parabole, qu'une hiſtoire qui ſe renouvelle tous les jours.

1. *Cet homme* donc qui deſcend de Jeruſalem en Jericho, c'eſt un fidele à la verité, mais c'eſt *un homme* : foible par conſequent, & inconſtant, qui déchoit peu à peu de la vertu & de ſes bons ſentimens, qui retourne inſenſiblement au monde, & qui s'engage dans le chemin qui conduit à la perdition.

2. *Ces voleurs* entre les mains deſquels il tombe, & qui le dépoüillent, ſont les vices charnels auſquels il ſe trouve livré, qui l'ont bien-tôt reduit à la mendicité : combien la gourmandiſe a-t-elle ruiné de familles opulentes? *Qui diligit epulas in egeſtate erit*, dit

le Sage : *Qui amat vinum & pinguia, non ditabitur, vestietur pannis.* Combien la luxure a-t-elle dévoré de trésors ? la substance des Rois a-t-elle pû même y suffire ? en un mot, il n'y a point de voleurs dont la rapacité puisse égaler celle des vices : *incidit in latrones qui despoliaverunt eum.*

3. Les blessures de ce malheureux, *plagis impositis*, que sont-elles, sinon les habitudes inveterées d'un pecheur, d'où découle sans cesse le pus de toute sorte de crimes ? Car c'est d'un cœur ulceré, que sortent sans cesse, les mauvaises pensées, les adulteres, les fornications, les homicides, les faux témoignages, les larcins, l'avarice, les méchancetez, la fourberie, les impudicitez, les médisances, l'orgueil, & mille autres maux semblables : *de corde enim exeunt malæ cogitationes, adulteria, fornicationes, homicidia, furta, falsa testimonia, avaritiæ, nequitiæ, dolus, impudicitiæ, blasphemia, superbia : omnia hæc mala ab intus procedunt :* ce sont les paroles de l'Evangile. Telle étoit l'Hemorroïsse corporellement, qui portoit en elle une source continuelle de corruption, *fons sanguinis.*

4. Ces voleurs qui s'en vont, & qui se retirent aprés l'avoir mis dans ce pitoyable état ; *& plagis impositis, abierunt :* que signifient-ils, si ce n'est cet abandon general que souffre enfin un vieux pecheur dés cette vie même ? Il voit sa santé ruinée, sa réputation flétrie : ses biens dissipez : ses forces épuisées : sa chair tourmentée par diverses maladies, son corps infirme & usé : tristes fruits de ses débauches passées ; les complices de son libertinage s'en sont allez, & l'ont abandonné, comme un homme qui n'est plus bon à rien.

Il gemit dans une affligeante ſolitude : dans une honteuſe vieilleſſe : *abierunt ſemivivo relicto.* Mais que ſeraçe à l'heure de la mort ? car c'eſt alors que tout l'abandonne ſans reſſource, tout le quitte, tout ſe retire, tout diſparoît à ſes yeux : il ne luy reſte qu'un triſte ſouvenir, & de cuiſans regrets qui lui font dire : *Cur deteſtatus ſum diſciplinam, & increpationibus non acquievit cor meum ?* Tous ces faux biens qu'il a tant aimez ſe ſont évanoüis comme un ſonge : *Tranſierunt tanquàm nuntius percurrens.*

5. Ce Prêtre & ce Levite, qui paſſent ſans le ſecourir, nous repreſentent les Miniſtres du Seigneur, qui voyant un pecheur endurci dans le vice & dans l'impieté, paſſent ſans luy dire mot : parce qu'ils voyent bien que toutes leurs remontrances ſeroient inutiles. Luy repreſenter qu'il doit gemir de ſes dereglemens paſſez, demander à Dieu un cœur contrit & humilié, faire penitence, rompre avec le monde, pratiquer le jeûne, l'aumône & la priere, trembler à la vûë des jugemens de Dieu ; appaiſer ſa colere par des torrens de larmes, ou qu'autrement il eſt perdu : luy tenir de ſemblables diſcours, c'eſt comme qui jetteroit des perles, ou qui preſenteroit des choſes ſaintes aux animaux les plus immondes : c'eſt luy propoſer des veritez qu'il ne croit preſque pas, & des bonnes œuvres dont il n'eſt plus capable : c'eſt s'expoſer à entendre des dériſions, & des diſcours contre la pieté ou contre la foy. Car pourquoy cet homme de bien, ce bon Religieux, ce vertueux Prêtre, ne dit il rien à ce Seigneur impie, à cette Dame mondaine, qu'il viſite ? d'où vient qu'il ne leur parle point de Dieu,

ny de leur ſalut? qu'il ne les preſſe pas de ſe convertir, & de donner ordre à leur conſcience, dit un Chrétien peu éclairé? C'eſt la même raiſon qu'avoit le Prophete d'en uſer ainſi : J'ay mis le doigt ſur ma bouche, diſoit-il, parce que j'ay trouvé le pecheur devant moy toûjours prêt à me contredire, toûjours indiſpoſé à profiter de mes avis : à cet aſpect je me ſuis humilié en moy-même, j'ay cru me devoir taire devant luy, & ne point parler de la vertu, ny de la Religion en ſa preſence : *poſui ori meo cuſtodiam, cùm conſiſteret peccator adverſùm me, obmutui, & humiliatus ſum, & ſilui à bonis.* Car que dire à un homme charnel, pour luy faire goûter avec fruit les biens ſpirituels qu'il ignore? *quid dicturus unde ſatisfaciam carnali de ſpiritualibus?* Parleray-je à un homme qui veritablement a l'uſage de la vûë & de l'oüie corporelle, mais qui eſt ſourd & aveugle interieurement? *loquor foris videnti & audienti, intus ſurdo & cæco.* L'homme animal ne comprend pas les choſes qui concernent l'eſprit de Dieu, leſquelles luy paroiſſent une folie, pour s'exprimer avec ſaint Paul : comment donc ſe commettre avec ces ſortes de gens orgueilleux, incredules, opiniâtres, qui ne cherchent qu'à contredire & à diſputer : *Quid enim dicas turgidis, turbidis, calumnioſis, litigioſis, verboſis?* Quand même les citoyens de Babylone nous preſſeroient de leur faire entendre les ſacrez cantiques de la céleſte Sion, il faudroit ſuſpendre nos harpes, & ne faire point retentir à leurs oreilles nos divins concerts : en effet, que ſert d'enſemencer des terres ingrates & ſteriles? tout cecy eſt de ſaint Auguſtin ſur ces paroles du Pſalmiſte : *Quomodo cantabi-*

mus

mus canticum Domini in terra aliena? In ſalicibus ſuſpendimus organa noſtra. Car, pour finir avec ce Pere: *habent organa ſua cives Jeruſalem, ſcripturas Dei, promiſſa Dei, meditationem futuri ſæculi: ſed cùm agunt in medio Babyloniæ, organa ſua in ſalicibus ejus ſuſpendunt: ſalices ligna ſunt infructuoſa; itaque quando illos videmus, & tam ſteriles eos invenimus, ut difficile nobis appareat in eis aliquid unde poſſint duci ad fidem rectam, vel ad bona opera, vel ad ſpem futuri ſæculi, vel ad concupiſcentiam liberationis à captivitate.... Quia nullum fructum in eis invenimus unde incipiamus; avertimus ab ipſis faciem, & dicimus, adhuc iſti non ſapiunt, non capiunt, quia quidquid illis dixerimus, ſiniſtrum & adverſum habebunt.*

Nous reconnoiſſons, Seigneur, que ſi nous avons été juſtement exclus du Paradis en la perſonne d'Adam, en qui nous avons peché; nous ſommes encore bien plus coupables, en ce qu'y étant rentrez en la perſonne de Jeſus-Chriſt, nous avons merité d'en être mis dehors une ſeconde fois par nos propres pechez. L'exemple funeſte de nos premiers parens n'a pû retenir le poids de nos baſſes inclinations, ny nous rendre ſtables dans la poſſeſſion du bien qu'on nous avoit redonné, & de la verité dans laquelle nous étions rentrez. Nous avons deſcendu inſenſiblement de Jeruſalem en Jericho, du ſejour de l'immortalité dans celuy de la corruption: l'inconſtance de nôtre volonté a attiré l'inſtabilité de nôtre être: nous ſommes entrez dans la route des pecheurs, & nous ſommes tombez entre les mains de ceux qui ſont prépoſez pour la punition du peché: ils nous ont dépoüillé de la robe precieuſe de l'immortalité, parce que nous avions perdu la vie que vous nous aviez donné : couverts de playes, renversez par terre, sans force ny courage, il ne nous reste plus qu'un souffle de vie pour soupirer vers vous : le Prêtre & le Levite jugeant nos maux incurables, se sont retirez : vous seul, ô charitable Samaritain, pouvez nous secourir : nous aurions cru dans ce déplorable état, nous voyant si éloignez de vous, ne pouvoir être unis à vous, & devoir desesperer de nous, si vôtre Fils pour nous rassurer, ne fût descendu du Ciel pour nous : un moindre remede n'auroit pas gueri nos maux, ny dissipé nos craintes, & il falloit nous faire voir quels vous nous aviez aimez, & combien vous nous aviez aimez : quels vous nous aviez aimez, afin que nous ne nous enorgueillissions point ; combien vous nous aviez aimez, afin que nous ne desesperassions point : *Persuadendum erat nobis, quales & quantum dilexit nos : quales dilexerit, ne superbiremus, quantum dilexerit ne desperaremus.* S. Aug.

FIN.

Juillet 1706.

PRIVILEGE DU ROY.

LOUIS PAR LA GRACE DE DIEU, ROY DE FRANCE ET DE NAVARRE ; A nos amez & feaux Conseillers les gens tenans nos Cours de Parlement, Maistres des Requestes ordinaires de nôtre Hôtel, Grand-Conseil, Prevost de Paris, Baillys, Senechaux, leurs Lieutenans Civils, & autres nos Justiciers qu'il appartiendra ; SALUT. Le Sieur DE LA CHETARDIE Curé de saint Sulpice, Nous ayant fait remontrer qu'il desireroit donner au Public un Livre de sa composition, intitulé, *Homelies sur les Dimanches & autres jours de l'année, tant en Latin qu'en François* ; s'il nous plaisoit luy accorder nos Lettres de Privilege sur ce necessaires : Nous luy avons permis & permettons par ces Presentes, de faire imprimer ledit Livre en telle forme, marge, caractere, & autant de fois que bon luy semblera ; & de le faire vendre & debiter par tout nôtre Royaume, pendant le temps de cinq années consecutives, à compter du jour de la datte desdites presentes ; Faisons défenses à toutes sortes de personnes de quelque qualité & condition qu'elles puissent estre, d'en introduire d'impression étrangere dans aucun lieu de nôtre obeïssance ; & à tous Imprimeurs-Libraires & autres, d'imprimer, faire imprimer, & contre-faire ledit Livre, en tout ni en partie, sans la permission expresse & par écrit dudit Sieur Exposant, ou de ceux qui auront droit de luy ; à peine de confiscation des exemplaires contrefaits, de quinze cens livres d'amende contre chacun des contrevenans, dont un tiers à nous, un tiers à l'Hôtel-Dieu de Paris, l'autre tiers audit Sieur Exposant, & de tous dépens, dommages & interests ; à la charge que ces Presentes seront enregistrées tout au long sur le Registre de la Communauté des Imprimeurs & Libraires de Paris, & ce dans trois mois de la datte d'icelles : Que l'impression dudit livre sera faite dans nôtre Royaume & non ailleurs, & ce en bon papier

& en beaux caracteres, conformément aux Réglemens de la Librairie ; & qu'avant de l'exposer en vente, il en sera mis deux exemplaires dans notre Bibliotheque publique, un dans celle de nostre Chasteau du Louvre, & un dans celle de nôtre tres-cher & feal Chevalier Chancelier de France, le Sieur Phelyppeaux, Comte de Pontchartrain, Commandeur de nos ordres. Le tout à peine de nullité des Presentes, du contenu desquelles, vous mandons & enjoignons de faire joüir l'Exposant, ou ses ayans cause, pleinement & paisiblement, sans souffrir qu'il leur soit fait aucun trouble ou empêchement : Voulons que la copie desdites qui sera imprimée au commencement ou à la fin dudit Livre, soit tenuë pour dûëment signifiée, & qu'aux copies collationnées par l'un de nos amez & feaux Conseillers & Secretaires, foy soit ajoûtée comme à l'original : Commandons au premier nôtre Huissier ou Sergent, de faire pour l'execution d'icelles, tous actes requis & necessaires, sans demander autre permission, & nonobstant clameur de Haro, Chartre Normande & Lettres à ce contraires : CAR tel est nôtre plaisir. DONNÉ à Versailles le vingtiéme jour de Fevrier, l'an de Grace mil sept cens six, & de nôtre Regne le soixante-troisiéme. Par le Roy en son Conseil, LE COMTE.

Registré, ainsi que la Cession, sur le Registre de la Communauté des Libraires & Imprimeurs de Paris, page 78. *Numero* 161. *conformément aux Réglemens, & notamment à l'Arrest du Conseil du* 13. *Aoust* 1703. *A Paris le* 26. *Fevrier* 1706.

Signé, GUERIN, Syndic.

Ledit Sieur Curé a cedé son droit au present Privilege à Raymond Mazieres, Marchand Libraire, pour en joüir en son lieu & place.

www.ingramcontent.com/pod-product-compliance
Ingram Content Group UK Ltd.
Pitfield, Milton Keynes, MK11 3LW, UK
UKHW020502180726
13839UKWH00004B/1844

9 782329 560328

7 Décembre 1883.

Vente des Vendredi 7 et Samedi 8 Décembre 1883,
HOTEL DROUOT, SALLE N° 9

Collection de M. Adrien DECOURCELLE

FAIENCES ANCIENNES

ITALIENNES, HOLLANDAISES, ALLEMANDES
ET FRANÇAISES

PORCELAINES DU JAPON, DE CHINE
ET DE SAXE

EXPOSITION PUBLIQUE
LE JEUDI 6 DÉCEMBRE 1883
DE 1 HEURE A 5 HEURES.

COMMISSAIRE-PRISEUR
Me PAUL CHEVALLIER, successeur de M^e^ CH. PILLET
10, rue de la Grange-Batelière;

EXPERT
M. CHARLES MANNHEIM, 7, rue Saint-Georges.

IMPRIMÉ PAR PILLET ET DUMOULIN
RUE DES GRANDS-AUGUSTINS, 5, A PARIS.